AF460574

28 27 Janvier 1909 V

VENTE
du Jeudi 28 Janvier 1909
A DEUX HEURES
HOTEL DROUOT — SALLE N° 11

EXPOSITION PUBLIQUE
Le Mercredi 27 Janvier 1909
DE 2 H. A 6 HEURES

OBJETS D'ART DE LA PERSE

Précieux Manuscrits anciens

ENRICHIS DE SUPERBES MINIATURES

ANCIENNES FAIENCES - LAQUES FINES

Armes, Cuivres, Fers damasquinés

BEAUX TAPIS ANCIENS

BRODERIES

Me GEORGES NORMAND
Commissaire-Priseur
41, Rue de la Victoire, 41

M. ARTHUR BLOCHE
Expert près la Cour d'Appel
52 — Rue de Châteaudun — 52

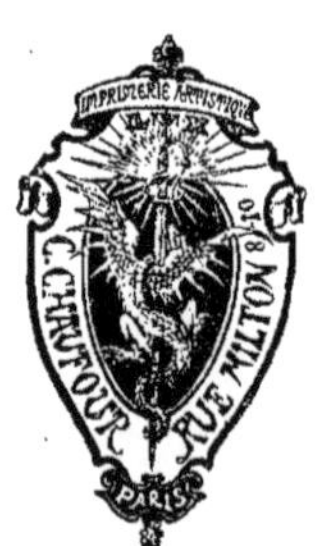
IMPRIMERIE ARTISTIQUE
C. CHAUFOUR
RUE MILTON 8 ET 10
PARIS

DÉSIGNATION

MANUSCRITS, MINIATURES

1 — CHAHNAMÉ FERDOUSSI. Grand et précieux manuscrit persan : Histoire de la Perse jusqu'en 1122 de l'Hédjire, enrichi de deux cent vingt grandes miniatures, peintures des plus fines et représentant principalement toutes les guerres, des scènes de palais, des sujets de chasse et autres allégories d'un caractère saisissant. Le texte est disposé en quatre rayons à encadrements dorés. Trois pages sont ornées de frontispices et de vignettes à rehauts d'or d'une grande finesse. La reliure en maroquin noir avec plats fond d'or et laqué en couleurs à fleurs. Ouvrage que nous croyons unique.

2 — Beau manuscrit ancien persan : Œuvres de poésie du célèbre Khamseï-Nizami, enrichi de quarante-huit miniatures peintes en couleurs et or, représentant des scènes allégoriques au sujet traité par le poète. Reliure en laque.

3 — Beau manuscrit ancien persan : Poésies de Mesnevi, enrichi de huit miniatures; reliure en peau noire ornée de médaillons et d'écoinçons à fleurs sur fond d'or.

4 — Manuscrit ancien persan de Divan-Chahi : Poésies, enrichi de cinq belles miniatures à sujets allégoriques, d'une grande finesse d'exécution; reliure en peau noire avec médaillons réservés à fleurs.

5 — Six miniatures anciennes persanes représentant des portraits de rois, de princesses, des scènes de tournoi, etc.

6 — Album renfermant dix-huit sujets allégoriques aux métiers exercés en Perse. Reliure en laque à sujets avec encadrement fond noir rehaussé d'or.

6 *bis* — Miniature persane représentant une scène du Nouveau-Testament.

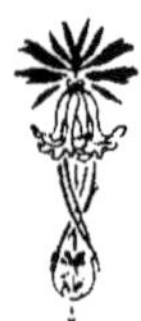

ANCIENNES FAIENCES

DE PERSE

7 — Bol, décoré intérieurement de fleurs et feuillages en mordoré sur fond blanc et extérieurement de pins et feuillages par rayons à reflets métalliques sur fond bleu. XVe siècle.

8 — Assiette, décor à branche de feuillages et fleurs en mordoré sur fond blanc à reflets métalliques. XVe siècle.

9 — Assiette, décor à pins et branchages feuillagés mordoré sur fond bleu à reflets métalliques. XVe siècle.

10 — Lampe à embouchures multiples, décor à fleurs et ornements en noir sur fond vert. XVIe siècle.

11 — Plat, décor central à fleurs et feuillages, en bleu sur blanc; bordure à arabesques.

12 — Plat décoré au centre de sept rosaces et ornements en bleu dans un médaillon réservé sur fond blanc; bordure à contours.

13 — Plat, fond vert, décor à ornements par enlevage.

14 — Plat fond bleu.

15 — Plat, décor par rayons à carrelages et motifs variés sur fond vert.

16 — Plat, décor central à étoile rayonnée fond blanc.

17 — Plat, décor à médaillon réservé sur fond blanc et encadré de rinceaux; bordure à carrelages bleus.

18 — Plat, décor à rayons d'ornements en polychrome sur fond blanc.

19 — Plat, décor à fleur et feuillage en bleu sur fond blanc craquelé.

20 — Plat, décor à rosace et motifs variés en noir sur fond vert.

21-22 — Plat et assiette, décor à cabanes et ornements au trait noir sur fond vert.

23-24 — Deux compotiers, fond vert, décor à ornements.

25-26 — Plat, décor à volatiles et fleurs et grande coupe décorée extérieurement de branchages fleuris sur fond blanc.

27 — Plat, décor à rosace étoilée en bleu et marron sur fond blanc; bordure à carrelage.

28 — Plat, décor carrelé sur fond jaune.

29 — Plat décoré de rosaces, bordure carrelée.

30 — Plat, décor central à fleurs en bleu sur blanc; bordure quadrillée.

31 — Plat décoré d'une rosace réservée au centre sur fond blanc.

32 — Plat, décor à rosace en bleu sur blanc; bordure quadrillée.

33 — Plat, décor central à bande réservée sur fond blanc entre des rinceaux feuillagés; bordure à rayons carrelés.

34 — Plat, décor à rosaces sur fond à entrelacs; bordure carrelée.

35 — Plat, décor central à croix, bordure à pommes de pin et quadrillé.

36 — Plat, décor à fleurs et palmettes en polychrome sur fond blanc; bordure fond bleu.

37 — Vase, décor à rosaces et feuillages en bleu sur blanc.

38 — Vase à anses, décor en bleu et marron à ornements.

39 — Vase, décor à fleurs et feuillages en bleu.

40 — Vase à anses, décor aux traits verts et noirs.

41 — Vase, décor à ornements en bleu et marron sur fond vert.

42 — Vase, décor à feuilles d'eau et fleurs; embouchure en cuivre gravé.

43 — Cruche à anse fond vert.

44 — Gourde à panses aplaties à rinceaux feuillagés et fleuris en bleu et noir sur fond blanc.

45-46 — Vase fond blanc craquelé et deux petites aiguières décorées en bleu.

47 — Deux petits vases, fond crême, décor à ornements.

48 — Vase, décor à cerf et paon dans un paysage boisé.

49 — Bouteille à panse renflée, décor par bandes à branches feuillagées et fleuries.

50 — Narghilé, décor à arabesques feuillagées et fleuries, fond blanc.

51-52 — Deux vases, décor à rinceaux fleuris en polychrome sur fond blanc.

53-54 — Deux vases, décor à personnages, animaux et volatiles, en polychrome sur fond blanc.

55-56 — Deux bols, décor extérieur à ornements sur fond bleu, et bouteille à décor analogue.

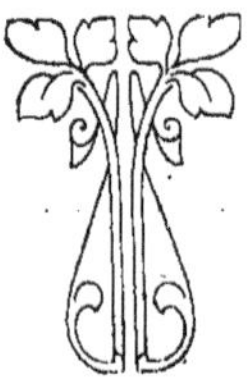

LAQUES DE PERSE

BOIS SCULPTÉS

57 — Bel encrier offrant dessus un médaillon : Femme et enfant entre deux autres médaillons à nombreux personnages, tout autour des scènes allégoriques à la vie primitive de la Perse, et des médaillons à têtes de personnages. Travail ancien.

58 — Précieux encrier ancien offrant à l'intérieur des fleurs sur fond d'or, et à l'extérieur des assemblées de souverains et de ministres de la Perse dans des médaillons avec banderolle à inscription donnant les noms des rois et des principaux personnages.

59 — Miroir en ancienne laque de Perse, représentant d'un côté le Bain des hommes et de l'autre côté la Sortie du bain des dames; compositions de nombreux personnages et d'une grande finesse.

60 — Miroir décoré de fleurs et d'oiseaux en couleur et or avec encadrement à arabesques d'or sur fond noir. Travail ancien.

61 — Plaque rectangulaire représentant d'un côté une reine au bain admirée par un roi et ses suivants, et de l'autre côté la reine se regardant dans un miroir. Travail ancien.

62 — Plaque rectangulaire représentant une nombreuse assemblée assistant à la lecture d'un acte de mariage. Travail ancien.

63 — Miroir ancien avec monture décorée de fleurs et d'oiseaux.

64 — Ancien miroir, décor dit mosaïque pointillé d'or.

65 — Ancien miroir, monture en laque et en relief, décor oiseaux et fleurs encadré d'inscription.

66 — Cadre de miroir, dessin dit mosaïque pointillé d'or et ancien.

67 — Grand et beau coffre représentant un combat entre Russes et Perses, tout autour des fleurs, et à l'intérieur sur fond jaune des entrelacs fleuris. Travail ancien.

68 — Coffre représentant sur le couvercle une audience du Schah de Perse, et autour des scènes de chasse à nombreux cavaliers.

69 — Coffre décor dit mosaïque à rehauts d'or, et incrusté d'ivoire et de nacre.

70 — Coffret, décor à volatiles et fleurs en polychrome, encadrement à inscription renfermant à l'intérieur deux balances avec poids.

71 — Porte-Koran en bois sculpté à inscription et ornements, et incrusté de nacre.

72 — Porte-Koran de travail analogue.

73 — Écritoire en bois finement sculpté à mosquées, animaux et feuillages; encadrement en ivoire à décor dit mosaïque; nombreux tiroirs à l'intérieur.

74 — Deux miroirs, encadrements décor dit mosaïque avec incrustations d'ivoire.

75 — Miroir, encadrement en bois sculpté à volatiles penchés sur des feuillages.

76 — Miroir de forme mi-circulaire à décor dit mosaïque.

77 — Boîte, décor à fleurs sur fond d'or, avec thermomètre en cuivre à l'intérieur.

78 — Deux encriers en bois sculpté à scènes de chasse et rinceaux.

79 — Série de huit cuillers en bois sculpté à fleurs et feuillages.

80 — Jeu de cartes, décor à personnages et animaux.

81 — Deux flûtes, décor dit mosaïque.

82 — Deux pipes à tabac et opium en laque et bois sculpté.

83 — Brassard, fouet et plumeau en bois.

84 — Gourde de derviche gravée à fleurs et volatiles.

85 — Quatre peignes en bois de santal et un autre en ébène gravé à caractères.

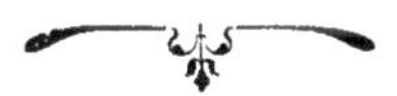

ARMES

86 — Armure composée d'un casque, un bouclier et un brassard en acier incrusté d'or, ajouré et gravé à inscriptions et ornements.

87 — Armure composée d'un casque, un bouclier et un brassard en acier incrusté d'or et gravé à inscription et motifs variés.

88 — Casque, bouclier et brassard en acier gravé à arabesques.

89 — Hache en acier incrusté d'or et gravé, dessin à inscription et fumerie d'opium.

90 — Massue en acier incrusté d'or.

91 — Massue en acier incrusté d'or, manche en bois.

92 — Poignard à lame courbe et à gouttière en acier damasquiné et incrusté d'or, manche en corne avec fourreau.

93 — Poignard, lame à gouttière en acier incrusté d'or, dessin à inscription; manche en os.

94 — Poignard à lame courbe damasquinée, incrustée d'or et gravée à inscription près du talon ; manche en os.

95 — Pistolet en bois, canon en acier incrusté d'or à personnages et portant la date 1801.

96 — Deux pistolets, canons en acier incrusté d'or et gravé.

97-98 — Deux couteaux, lames en acier damasquiné et incrusté d'or près des talons; manches en os.

99 — Paire de ciseaux en acier incrusté d'or à inscriptions et fleurettes.

100 — Couperet en acier incrusté d'or.

101 — Deux étriers en acier incrustés de turquoises et mors incrusté d'or.

102 — Bouclier en peau de rhinocéros peinte, à arabesques de feuillages et clouté de cuivre.

103 — Cotte de mailles très fines et cloutées en acier.

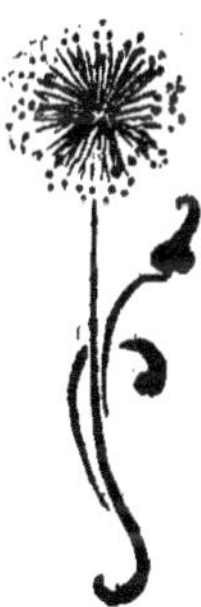

CUIVRES ET ACIERS

104 — Grand plateau à bords contournés en cuivre finement gravé, dessin représentant un bal en présence du roi de Perse et de sa suite.

105 — Plateau à contours en acier incrusté d'or et gravé, dessin représentant les danseuses du roi, avec inscriptions.

106 — Plateau rond en cuivre gravé à scène de supplice, composition à nombreux personnages et animaux.

107 — Miroir sur pied en acier incrusté d'or, repercé à jour et gravé à fleurs et inscription sur les deux faces.

108 — Gourde de derviche en acier incrusté d'or et gravé représentant les fumeurs d'opium, avec inscription.

109 — Fruit en acier incrusté d'or à ornements variés.

110 — Aiguière cuivre gravé à personnages, inscriptions et carrelages.

111 — Petit vase en bronze gravé à personnages et inscriptions, anses formées par des serpents.

112 — Plat en acier incrusté d'or et gravé, dessin à scènes de la vie persane.

113 — Poire en acier incrusté d'or, dessin à volatiles et fleurs.

114 — Lampe à quatre becs latéraux en cuivre.

115 — Petite lampe tripode en bronze gravé à médaillons de personnages.

116 — Petit vase couvert et deux étuis en cuivre gravé à personnages et animaux.

117 — Narghilé complet en cuivre incrusté d'or et gravé à inscription.

118 — Narghilé complet en cuivre, parties émaillées à médaillons de bustes de personnages et fleurs en polychrome.

119 — Gourde plate et couvercle en acier étamé et gravé.

120 — Trois coupes en cuivre gravé à inscriptions, personnages et animaux.

121 — Plumier en cuivre incrusté d'or, dessin à inscription.

122 — Trois porte-allumettes en cuivre incrusté d'or et gravé à animaux, émaillé et incrusté de turquoises.

123 — Deux couvercles et un plateau ajouré en cuivre gravé à personnages et animaux.

124 — Cadenas en acier.

125 — Vase forme grenade en acier à ornements ajourés.

126 — Casserole en acier gravé à personnages, animaux et inscription.

127 — Aiguière et bassin en acier incrusté d'or et gravé à feuillages et fleurs.

128 — Pince, pomme d'ombrelle et ornement en acier gravé et incrusté d'or.

129 — Buste du tsar Alexandre III en bronze, signé Emile Leysalle.

130 — Narghilé complet en cuivre partie émaillée fond bleu turquoise à médaillons et guirlande de fleurs et papillons fond blanc.

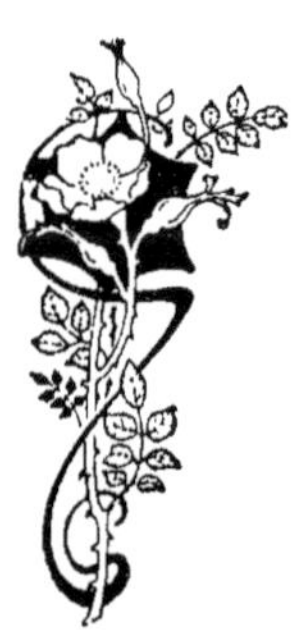

ANCIENS TAPIS DE PERSE

131 — Tapis de Ferahan fond rouge à petits dessins polychromes, triple bordure fond blanc.

132 — Tapis de Hamadan fond blanc, dessin à motifs variés.

133-134 — Deux tapis de galerie de Mushkabad, fond bleu, dessin polychrome à losanges et fleurs, bordure fond jaune.

135 — Tapis-galerie de Sarabend fond rouge, dessin à palmettes, bordure triple fond blanc.

136 — Tapis long du Kurdistan fond rouge, dessin à rosaces et feuillages, bordure fond bleu à fleurs.

137 — Tapis de Soumak fond rouge, dessin à ornements géométriques.

138 — Tapis long de Hamadan fond rouge avec large bordure.

139 — Tapis-chemin de Hamadan fond bleu foncé, dessin en rouge, jaune et blanc, dessin à palmettes fond blanc.

140 — Tapis de table à double face fond blanc à dessins variés en polychrome, bordure fond jaune.

141 — Petit tapis fond bleu à double face, dessin à palmettes.

142 — Petit tapis à double face, fond rouge, dessin polychrome.

143 — Petit tapis de Ispahan, fond rouge à dessin polychrome, bordure fond bleu. XVIe siècle.

144 — Tapis turcoman fond marron, dessin à carrelages, bordure fond blanc.

145 — Tapis de Ferahan fond bleu, dessin velouté à fleurs et ornements, bordure fond vert.

146 — Tapis de Kirman fond crème, dessin fin et velouté à arbuste et fleurs avec angles fond rouge, bordure multiple.

147 — Petit tapis de prière fond bleu à rosace centrale et coins fond rouge.

148 — Tapis de prière en soie, dessin à portail de mosquée fond bleu ciel, bordure multiple à inscription sur fond blanc et petits dessins.

149 — Tapis de Heriz fond bleu foncé, dessin polychrome.

150 — Tapis de Garabagh fond bleu, dessin à fleurs.

151 — Tapis de prière en soie à motifs variés.

BRODERIES — ÉTOFFES

152 — Beau tapis de prière en velours rouge couvert d'ancienne broderie d'or et d'argent, dessin des plus fins offrant, dans un portail de mosquée, un vase fleuri avec mains et inscription persane dans le haut; autour des rinceaux feuillagés; encadrement à guirlande de fleurs et feuillages.

153 — Tapis de prière en satin gris brodé d'or, d'argent et de soie à rosaces et feuillages; bordure à arabesques fleuries tissée d'argent.

154 — Tapis en soie rose brodée à gerbe de fleurs et feuillage en polychrome.

155 — Dessus de table en toile brodée de soie à rosace centrale et semis de feuillages.

156 — Panneau en filet de soie blanche sur fond d'étoffe rouge.

157 — Dessus de table en étoffe fond vieux rose brodée au point à l'aiguille à rosace et fleurs.

158 — Panneau en toile brodée de soie à feuilles par trois rayons; bordure carrelée en jaune, vert et rouge.

159 — Portière en soie fond jaune brodée à ornements géométriques.

160 — Portière en toile brodée de soie à fleurs et motifs variés en rouge et vert.

161 — Portière en toile fond noir brodée de soie à semis de fleurs, encadrement à rosaces et losanges.

162 — Panneau en drap rouge brodé à scène de chasse, composition de cavaliers, animaux, volatiles et feuillage ; bordure à inscriptions.

163 — Deux panneaux en broderie diagonale, dite gilet persan.

164 — Dessus de guéridon à double face en soie blanche brodée dans les coins à oiseaux penchés sur des fleurs ; bordure à médaillons fleuris.

165 — Panneau en broderie de soie blanche, partie ajourées, brodée à pin, volatiles et ornements.

166 — Deux chemins de table en soie blanche brodée dans le même goût.

167 — Deux dessus de guéridon de même travail.

168 — Six serviettes à thé de même travail.

169 — Six mouchoirs en soie blanche brodée à semis de fleurettes, bordure et coins ajourés.

170 — Dessus de guéridon rond en broderie de perles multicolores, dessin à rosace et pommes de pins.

171 — Dessus de guéridon rond en soie bleue ornée de paillettes.

172 — Fragment de tapis du XVIe siècle fond rouge à fleurs et rosaces.

173 — Coupon en soie brochée, dessins à pommes de pins.

174 — Panneau en étoffe rouge, dessin à carrelages et tissée d'or.

175 — Coupon de velours ancien de Kachan, fond rouge, dessin par bandes.

176 — Vêtement complet composé d'une robe en toile imprimée, une tunique en soie fond rouge cerise, un bonnet, un capuchon brodé d'or et de paillettes, et une ceinture en cuir ornée de boutons et ornements en argent niellé et métal.

177 — Burnous en soie blanche tissée d'or avec coiffure complète.

178 — Costume complet pour dame en soie brodée, composé d'un pantalon. d'une chemise et d'une casaque.

179 — Costume de dame, composé d'une robe, d'une chemise et d'une casaque en satin tissé de fils d'or.

180 à 184 — Dix panneaux et tapis de prière en toile imprimée de Perse; dessins variés et dimensions différentes.

185 — Coupon de brocart d'or, dessin à palmettes.

186 — Trois panneaux en ancien brocart d'or.

187 — Tapis en ancien velours rouge de Kachan.

188 — Tapis en ancien velours de Scutari, fond jaune.

189 — Deux tapis en ancien velours rouge de Kachan.

190 — Panneau en gaze bleue tissée d'or, dessin à pommes de pin.

191 — Objets omis.

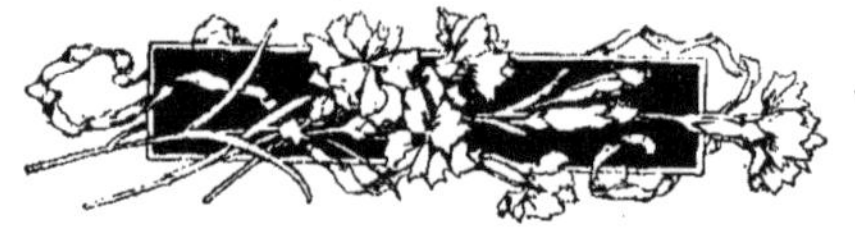

CONDITIONS DE LA VENTE

La vente sera faite au comptant.

Les acquéreurs paieront *dix pour cent* en sus des enchères.

L'Exposition mettant le public à même de se rendre compte des objets, aucune réclamation ne sera admise une fois l'adjudication prononcée.

www.ingramcontent.com/pod-product-compliance
Ingram Content Group UK Ltd.
Pitfield, Milton Keynes, MK11 3LW, UK
UKHW020541180726
13839UKWH00006B/2648